마법의 속담 따라 쓰기 ③

생각디딤돌 창작교실 엮음

생각디딤돌

차례

머리말·4

하루 2장의 기적!
속담 완전 정복 홈스쿨링
읽자마자 속담 왕 되기!

◉ 속담을 가장 빨리 익히는 방법은 소리 내어 읽기입니다.

속담을 소리 내어 읽다 보면 눈과 귀가 동시에 듣고 보는 것이 됩니다. 또한 속담을 읽으면서 그 속에 담긴 뜻, 모양, 모습, 소리 등을 상상할 수 있습니다. 예를 들어 '구르는 돌은 이끼가 안 낀다'라는 속담은 돌 하나가 데굴데굴 굴러가는 모습을 상상하게 됩니다. 그러면서 노력이 얼마나 중요하고 필요한가를 깨닫게 됩니다. '강물도 쓰면 준다'라는 속담에서는 그 많은 강물도 마구 쓰면 줄게 마련인데 제아무리 많은 것을 갖고 있어도 헤프게 쓴다면 곧 바닥이 나고 만다는 절약 정신을 배울 수 있습니다.

◉ 속담의 좋은 점은 일상생활에서 얼마든지 쓸 수 있다는 것입니다.

속담은 마치 편하게 입는 옷처럼 아무 때나 쓰고 사용해도 불편하거나 어색하지 않습니다. 그러니까 속담 공부는 책상에 앉아 조용히 외우고 익히느라 애를 써야 하는 어려운 공부가 아니라는 뜻입니다. 친구와 말을 주고받을 때, 글을 쓸 때 적절하게 사용한다면 훨씬 더 풍성한 대화가 되고 문장이 됩니다. 하나의 속담 인용이 길고 긴 여러 마디의 말보다 훨씬 효과적이고, 하나의 속담 인용이 읽기 지루한 몇 페이지의 글보다 훨씬 전달이 빠를 수 있습니다. 예를 들어 친구가 바닷가에 가서 예쁜 조개를 한 바구니 주워 왔다고 자랑을 한다면 여러분은 뭐라고 하겠어요? "우와, 좋겠다. 그런데 그걸 그냥 놔두면 굴러다니거나 먼지만 쌓일 텐데."라고 하기보다는 "구슬이 서 말이라도 꿰어야 보배라고 했어. 그걸 꿰면 흔한 조개껍데기가 아니라 예쁜 목걸이가 될 거야." 하고 말해 준다면 내가 친구에게 하려고 한 말을 훨씬 더 정확하게 전달할 수 있게 됩니다.

초등학생이 알아야 할
속담 212개 완전히 정복하기!

◎ **대표적인 속담 212개를 모두 알고 있다면 어디에서나 속담 왕이 될 수 있습니다.**

차례의 속담만 제대로 읽어도 기본적으로 알아야 할 속담을 익힐 수 있습니다. 초등 저학년의 눈높이에 맞도록 본래의 뜻을 이해하기 쉽게 설명했습니다. 또한 그 속담을 통해 인성이 쑥쑥 자랄 수 있도록 했습니다. 속담을 이해하면서 예절, 효도, 정직, 책임, 존중, 배려, 소통, 협동 등을 자연스럽게 키울 수 있습니다. 속담 따라 쓰기와 바르게 써보기를 통해 글씨 바르게 쓰기와 띄어쓰기를 동시에 익힐 수 있게 했고, 생활 속의 대화를 읽게 하면서 그 속담의 뜻을 더 정확히 이해하게 했습니다.

◎ **속담을 통해 우리 조상의 지혜와 교훈을 잘 알 수 있습니다.**

속담은 하루아침에 만들어진 것이 아닙니다. 일상생활에서 사용하는 말이 많은 세월을 거치며 갈고 닦이면서 하나의 속담으로 완성되었습니다. 그러니까 돌이나 모래 사이에서 금을 캐내듯이 흔하게 주고받는 말 속에서 속담이 탄생한 것입니다. 곧 속담은 언어의 금입니다. 그런 만큼 속담 속에는 우리 조상의 지혜와 교훈이 고스란히 스며 있습니다. 우리는 대대로 이어온 속담을 읽으며 조상과 내가 하나로 엮여 있다는 것을 느낄 수 있습니다. 또한, 아주 먼 훗날 미래의 친구들도 이 속담을 읽으며 지금의 우리와 그리고 먼 옛날의 조상과 하나라는 것을 깨달을 것입니다.

바늘 가는 데 실 간다.

본래 뜻 : 서로 밀접한 관계가 있는 것들은 떨어지지 않고 항상 붙어 있다는 뜻.

인성이 쑥쑥 : 바늘은 실이 없으면 바느질을 못 하고, 실도 바늘이 없으면 바느질을 할 수가 없어요. 그만큼 없어서는 안 되는 관계이지요. 부모님과 내가 그렇고, 나와 동생이 그렇고, 나와 친구가 그래요. 모두 꼭 있어야 할 소중한 관계이니까요.

 따라서 써 볼까요?

바	늘		가	는		데		실		간
다	.									
바	늘		가	는		데		실		간
다	.									

 아래에 바르게 써 볼까요?

바늘 가는 데 실 간다.

어떤 경우에 이 속담이 어울릴까요?

"어제 나 혼자 학원에 갔더니 선생님이 왜 너는 안 오고 나 혼자 오냐고 물으셨어."
"그럴 만도 해. **바늘 가는 데 실 간다**는 속담처럼 우린 항상 붙어 다니잖아."

바늘 도둑이 소도둑 된다.

본래 뜻 : 작게 시작한 나쁜 일도 자꾸 하면 버릇이 되어 큰 잘못을 저지른다는 뜻.

인성이 쑥쑥 : 바늘은 아주 작아요. 하지만 소는 커요. 작은 바늘 하나를 시작으로 도둑질을 하다 보면 나중에는 엄청 큰 소까지 훔칠 수 있다는 뜻이죠. 호기심으로 머리핀 하나를 훔쳤지만 차츰 버릇이 되어 커다란 장난감도 훔치고 싶어지면 정말 큰일이잖아요.

 따라서 써 볼까요?

바	늘		도	둑	이		소	도	둑	
된	다	.								
바	늘		도	둑	이		소	도	둑	
된	다	.								

 아래에 바르게 써 볼까요?

바늘 도둑이 소도둑 된다.

 **어떤 경우에 이 속담이 어울릴까요?**

"엄마, 사실은 어제 친구 머리핀 하나를 훔쳤어요. 친구한테 돌려주고 싶은데 어떻게 해요?"

"친구한테 솔직히 말하고 돌려주자. 바늘 도둑이 소도둑 된다고 했어. 다시는 그러지 마!"

"솔직히 말하고 돌려주면 친구도 용서해 주겠지요?"

바늘구멍으로 황소바람 들어온다. <u>109</u>

본래 뜻 : 작은 것이라도 때에 따라서는 소홀히 해서는 안 된다는 뜻.

인성이 쑥쑥 : '황소바람'은 좁은 틈으로 세게 불어 드는 바람이에요. 바늘구멍은 흔적도 나지 않지만 추운 날이면 그 구멍으로도 황소바람은 들어오지요. 그렇듯 작다고 얕봤다가 큰코다칠 때가 있어요. 아주 작은 모기장 구멍으로 모기들이 들어와 사정없이 무는 것처럼요.

 따라서 써 볼까요?

바	늘	구	멍	으	로		황	소	바	람	∨
들	어	온	다	.							
바	늘	구	멍	으	로		황	소	바	람	∨
들	어	온	다	.							

 아래에 바르게 써 볼까요?

바늘구멍으로 황소바람 들어온다.

 **어떤 경우에 이 속담이 어울릴까요?**

"장난으로 모기장에 구멍을 냈는데 그 구멍으로 모기들이 엄청 들어와서 여기저기 물었어요."
"바늘구멍으로 황소바람 들어온다고 하잖아. 모기들은 작은 틈새로도 들어오는데 작은 구멍이라고 얕봤구나."

바늘로 찔러도 피 한 방울 안 난다. <u>110</u>

본래 뜻 : 생김새가 야무져 보이거나 빈틈이 없고 융통성 없는 사람을 두고 하는 말.

인성이 쑥쑥 : 바늘에 찔리면 엄청 아파요. 당연히 피도 나지요. 그런데 얼마나 융통성이 부족하면 바늘로 찔러도 피 한 방울 안 난다는 말을 듣겠어요. 하지만 야무져서 빈틈이 없는 사람이 그런 말을 듣는다면 오히려 실속 있다는 칭찬의 소리가 되겠지요?

 따라서 써 볼까요?

바	늘	로		찔	러	도		피		한	∨
방	울		안		난	다	.				
바	늘	로		찔	러	도		피		한	∨
방	울		안		난	다	.				

 아래에 바르게 써 볼까요?

바늘로 찔러도 피 한 방울 안 난다.

어떤 경우에 이 속담이 어울릴까요?

"너한테 무슨 일을 맡겨도 완벽하게 해내니까 저절로 믿게 돼."

"사람들은 나한테 **바늘로 찔러도 피 한 방울 안 난다**는 말을 하지만, 나는 뭐든 최선을 다하고 싶어."

바다는 메워도 사람의 욕심은 못 채운다. [111]

본래 뜻 : 사람의 욕심은 한이 없다는 말.

인성이 쑥쑥 : 바다는 엄청나게 넓어요. 그 넓은 바다를 메우려면 참 많은 돌이 필요할 거예요. 그런데 사람 욕심은 절대 못 채운다는 것은 그만큼 한없다는 뜻이죠. 하지만 욕심이 다 나쁜 것은 아니에요. 세운 목표를 이미 이뤘어도 계속 앞으로 나아가려는 욕심은 꼭 필요할 수 있으니까요.

 따라서 써 볼까요?

바	다	는		메	워	도		사	람	의	∨
욕	심	은		못		채	운	다	.		
바	다	는		메	워	도		사	람	의	∨
욕	심	은		못		채	운	다	.		

 아래에 바르게 써 볼까요?

바다는 메워도 사람의 욕심은 못 채운다.

 **어떤 경우에 이 속담이 어울릴까요?**

"일주일에 책 다섯 권씩 읽겠다는 목표를 잘 지키고 있지만 더 읽고 싶어졌어. 앞으로는 열 권씩 읽어보도록 할 거야. 바다는 메워도 사람의 욕심은 못 채운다고 했지만 세상의 수많은 책을 다 읽어보고 싶은 것이 내 욕심이야."

방귀 뀐 놈이 성낸다.

112

본래 뜻 : 자기가 잘못하고서 오히려 남에게 성낸다는 뜻.

인성이 쑥쑥 : 친구들 앞에서 나도 모르게 뿌앙! 방귀를 뀌었다면 정말 얼굴이 빨개질 일이죠. 옆에 있는 친구도 놀라고요. 방귀 뀐 사람은 무안해져서 괜히 화를 낼 수도 있어요. 뭔가 잘못을 해 놓고서도 화를 내는 경우도 똑같아요. "미안해." 그 사과 한마디면 될 텐데 말이죠.

 따라서 써 볼까요?

방	귀		뀐		놈	이		성	낸	다.
방	귀		뀐		놈	이		성	낸	다.

 아래에 바르게 써 볼까요?

방귀 뀐 놈이 성낸다.

어떤 경우에 이 속담이 어울릴까요?

"엄마가 내 앞만 가로막지 않았으면 그릇 깰 일이 없었을 거예요!"

"방귀 뀐 놈이 성낸다더니, 비싼 그릇 깨고서는 왜 화를 내는 거냐?"

"죄송해요. 너무 당황해서 저도 모르게 화가 났어요."

배보다 배꼽이 더 크다.

본래 뜻 : 기본보다 덧붙이는 것이 더 큰 경우를 이르는 말.

인성이 쑥쑥 : '배'는 우리 몸에서 큰 부위예요. '배꼽'은 배의 한가운데에 있는 손톱만 한 크기죠. 제아무리 큰 배꼽도 배보다는 클 수 없어요. 선물은 작은데 포장 상자가 몇 곱절 크다면 그거야말로 배보다 배꼽이 더 큰 거예요.

 따라서 써 볼까요?

배	보	다		배	꼽	이		더		크
다	.									
배	보	다		배	꼽	이		더		크
다	.									

 아래에 바르게 써 볼까요?

배보다 배꼽이 더 크다.

어떤 경우에 이 속담이 어울릴까요?

"엄마 생일 선물이에요. 내용물은 작지만 포장을 크게 했더니 선물도 커 보여요."

"세상에! 머리핀 하나를 이렇게 큰 상자에 넣었어? 배보다 배꼽이 더 크다고 하더니, 쓸데없는 낭비 같다."

12

백 번 듣는 것이 한 번 보는 것만 못하다. [114]

본래 뜻 : 실제 한 번 보는 것이 말로만 백 번 듣는 것보다 확실하다는 뜻.

인성이 쑥쑥 : 백 번을 들어도 머릿속으로 상상이 안 되던 것이 딱 한 번 봤을 뿐인데 아하! 하고 금방 알 수 있는 일이 많아요. 우리는 다른 행성에 대해 궁금한 점이 많아요. 만약 다른 행성으로 날아가 우리 눈으로 직접 볼 수 있다면 그 궁금증이 많이 해결되지 않을까요?

 따라서 써 볼까요?

백	번	듣	는		것	이		한	∨
번		보	는		것	만		못	하	다	.
백		번		듣	는		것	이		한	∨
번		보	는		것	만		못	하	다	.

 아래에 바르게 써 볼까요?

백 번 듣는 것이 한 번 보는 것만 못하다.

어떤 경우에 이 속담이 어울릴까요?

"나는 달에 대해 궁금한 점이 참 많아. 텔레비전이나 책에서 보는 정보만 갖고는 부족해. 그래서 언젠가는 꼭 달에 갈 거야. 백 번 듣는 것이 한 번 보는 것만 못하다고 했으니까 직접 두 눈으로 보게 되면 궁금증이 많이 해결될 거야."

백지장도 맞들면 낫다.

본래 뜻 : 아무리 쉬운 일이라도 서로 힘을 합하면 훨씬 쉽다는 뜻.

인성이 쑥쑥 : '백지장'은 흰 종이 한 장이에요. '맞들다'는 마주 드는 것이고요. 종이 양이 많은 것도 아니고 딱 한 장을 드는데 다른 사람 도움이 왜 필요하겠어요. 하지만 종이 한 장이라도 누군가와 함께 든다면 더 즐겁고 신이 난다는 뜻이죠. 어려운 일이든 쉬운 일이든 힘을 합치면 서로에게 좋은 일이 분명해요.

 따라서 써 볼까요?

백	지	장	도		맞	들	면		낫	다.
백	지	장	도		맞	들	면		낫	다.

 아래에 바르게 써 볼까요?

백지장도 맞들면 낫다.

 **어떤 경우에 이 속담이 어울릴까요?**

"내 책을 모두 옮겨야 하는데 형이 도와줘서 금방 끝났어. 나 혼자 했으면 어림없었어."
"백지장도 맞들면 낫다잖아. 저번에 너도 내 책상 같이 옮겨 줬잖아."

버들가지가 바람에 꺾일까.

본래 뜻 : 약해 보이는 사람이 오히려 굳세게 잘해 나감을 이르는 말.

인성이 쑥쑥 : '버들가지'는 버드나무의 가지를 뜻해요. 버드나무는 바람이 불면 이리저리 잘 흔들려요. 그래서 바람이 아무리 강해도 버들가지는 절대 안 꺾여요. 엄청 약해 보이는 친구가 감기한 번 안 걸리고 건강하게 잘 지내는 것도 그런 경우이겠지요?

 따라서 써 볼까요?

버	들	가	지	가		바	람	에		꺾
일	까	.								
버	들	가	지	가		바	람	에		꺾
일	까	.								

 아래에 바르게 써 볼까요?

버들가지가 바람에 꺾일까.

 **어떤 경우에 이 속담이 어울릴까요?**

"희야는 정말 대단한 애야. 몸은 엄청 약해 보이는데 감기 한 번 걸린 적이 없잖아."

"버들가지가 바람에 꺾일까? 그 애는 겉으로는 약해 보여도 실제로는 정말 건강해."

"나도 희야한테 보고 배워야 해. 그 애는 자기 건강은 스스로 지키려고 노력하잖아."

번갯불에 콩 볶아 먹겠다.

본래 뜻 : 행동이 매우 민첩함을 이르는 말.

인성이 쑥쑥 : 번쩍하는 번갯불에 콩을 볶아 먹을 만큼 행동이 무척 빠르다는 말이에요. 번갯불은 순식간에 나타났다가 사라져요. 성질이 급해서 조금도 참지 못하는 사람을 두고 하는 말이기도 해요. 그런데 무슨 일을 무조건 빨리 해치우려고만 한다면 제대로 성공할 수 있을까요?

 따라서 써 볼까요?

번	갯	불	에		콩		볶	아		먹
겠	다	.								
번	갯	불	에		콩		볶	아		먹
겠	다	.								

 아래에 바르게 써 볼까요?

번갯불에 콩 볶아 먹겠다.

 **어떤 경우에 이 속담이 어울릴까요?**

"내가 축구하자고 말했는데 왜 이제야 나오는 거야? 얼마나 기다렸는지 알아?"
"번갯불에 콩 볶아 먹겠다. 그 말 한 지 얼마 안 됐어. 그리고 축구하기 전에 숙제 먼저 해야 한다고 말했잖아."

범 무서워 산으로 못 가랴.

본래 뜻 : 중요한 일을 할 때 어려움이 있더라도 꼭 해야 한다는 뜻.

인성이 쑥쑥 : 아무리 범이 무섭다고 한들 산에 못 갈 것 없다는 뜻이죠. 범은 힘도 세고 사나워요. 산에 꼭 가야 할 일이 있는데 범이 무섭다면 가기 쉽지 않아요. 대신 범이 무섭더라도 용기를 내어 산에 오른다면 목적을 이룰 수 있고요.

 따라서 써 볼까요?

범		무	서	워		산	으	로		못	∨
가	랴	.									
범		무	서	워		산	으	로		못	∨
가	랴	.									

 아래에 바르게 써 볼까요?

범 무서워 산으로 못 가랴.

 **어떤 경우에 이 속담이 어울릴까요?**

"아빠랑 함께 실내 암벽을 배우고 있어. 암벽 타기는 아슬아슬하면서도 정말 재미있어."

"너는 정말 겁이 없는 것 같아. 나는 그런 운동은 쳐다보기만 해도 겁이 나."

"범 무서워 산으로 못 가랴? 무섭다고 용기를 안 내면 영영 도전할 기회가 없잖아."

범에게 물려가도 정신만 차리면 산다. ¹¹⁹

본래 뜻 : 아무리 위험한 경우에 처했어도 정신만 차리면 살 수 있다는 말.

인성이 쑥쑥 : 바로 눈앞에 범이 있는데 정신을 차리기란 쉬운 일이 아닐 거예요. 하지만 무섭다며 울고불고 야단을 쳐봤자 도움 될 일은 없어요. 그럴 바에는 차라리 정신 바짝 차리고 범을 따돌리고 그곳을 빠져나올 궁리를 해야 하지요. 그러면 살 수도 있으니까요.

 따라서 써 볼까요?

범	에	게		물	려	가	도		정	신
만		차	리	면		산	다	.		
범	에	게		물	려	가	도		정	신
만		차	리	면		산	다	.		

 아래에 바르게 써 볼까요?

범에게 물려가도 정신만 차리면 산다.

 **어떤 경우에 이 속담이 어울릴까요?**

"바다에서 수영하다가 튜브를 놓쳤어. 처음에는 죽을 것 같아서 얼마나 무서웠는지 몰라. 그렇지만 범에게 물려가도 정신만 차리면 산다는 말이 떠올랐어. 그래서 마음을 차분하게 가라앉히고 튜브를 찾아서 붙잡았어. 지금 생각해도 정말 아찔해."

벼 이삭은 익을수록 고개를 숙인다. 120

본래 뜻 : 이삭이 잘 익으면 고개를 숙이듯 훌륭한 사람일수록 교만하지 않고 겸손하다는 뜻.

인성이 쑥쑥 : '이삭'은 벼, 보리 따위 곡식 끝에 열매가 더부룩하게 열리는 부분이에요. 끝이 무거우니 당연히 고개를 숙일 수밖에 없지요. 내가 아는 것이 많다고 친구들 앞에서 으스대며 잘난 척만 한다면 어떻게 될까요? 친구들이 오히려 꼴 보기 싫다며 피하지 않을까요?

 따라서 써 볼까요?

벼		이	삭	은		익	을	수	록	
고	개	를		숙	인	다	.			
벼		이	삭	은		익	을	수	록	
고	개	를		숙	인	다	.			

 아래에 바르게 써 볼까요?

벼 이삭은 익을수록 고개를 숙인다.

어떤 경우에 이 속담이 어울릴까요?

"성우는 영어도 잘하고 글짓기도 참 잘해. 그런데 한 번도 잘난 척하는 걸 못 봤어."
"벼 이삭은 익을수록 고개를 숙인다고 하잖아. 성우야말로 잘 익은 벼 이삭 같아."

병 주고 약 준다.

본래 뜻 : 남에게 피해를 주고 나서 도와주는 척한다는 뜻.

인성이 쑥쑥 : 남에게 병을 주는 것은 가장 나쁜 짓이에요. 그리고는 아무렇지 않게 약을 주면서 위로하는 척한다면 정말 화날 일이죠. 누군가 내 맘을 아프게 하면 몹시 속상해요. 그런데 나를 힘들게 한 사람이 시치미 뚝 떼고 "괜찮아?" 하며 위로하는 척한다면 참 견디기 힘들 거예요.

 따라서 써 볼까요?

병		주	고		약		준	다	.	
병		주	고		약		준	다	.	

 아래에 바르게 써 볼까요?

병 주고 약 준다.

 **어떤 경우에 이 속담이 어울릴까요?**

"난 네 흉을 본 적이 없어. 나는 항상 네 편이야. 애들이 네 흉을 보면 내가 오히려 막아 준다고! 나는 너처럼 좋은 친구는 세상에 절대 없다고 말한단 말이야."
"병 주고 약 준다고 하더니, 내가 잘난 척만 한다고 떠들고 다니면서 어떻게 그런 말을 해?"

보고 못 먹는 떡은 그림의 떡

본래 뜻 : 아무런 실속이 없다는 말.

인성이 쑥쑥 : 그림 속의 과일이 맛있어 보여도 먹지는 못해요. 먹고 싶은 과일 그림이라면 침만 꼴깍꼴깍 삼킬 일이죠. 그런 것처럼 아무리 갖고 싶어도 가질 수가 없는 것이 있다면 그것도 그림의 떡이에요. 친척이 아주 예쁜 옷을 사 보냈지만 그 옷이 너무 작아서 입을 수가 없다면 그것도 그림의 떡이겠지요?

 따라서 써 볼까요?

보	고		못		먹	는		떡	은	
그	림	의		떡						
보	고		못		먹	는		떡	은	
그	림	의		떡						

 아래에 바르게 써 볼까요?

보고 못 먹는 떡은 그림의 떡

어떤 경우에 이 속담이 어울릴까요?

"미국 외할머니가 예쁜 옷을 사 보내셨는데 너무 작아서 입을 수가 없어."
"그럼 어떻게 해? 보고 못 먹는 떡은 그림의 떡이라는데, 엄청 아깝겠다."
"할 수 없지 뭐. 내 동생이 좀 더 자라면 입을 수 있을 거야."

부뚜막의 소금도 집어넣어야 짜다.  123

본래 뜻 : 아무리 손쉬운 일이라도 하지 않으면 소용없다는 말.

인성이 쑥쑥 : '부뚜막'은 아궁이(불을 때는 구멍) 위에 솥을 걸어 두는 곳으로 흙과 돌을 섞어 만들었어요. 부뚜막은 가장 손 닿기 쉬운 곳이죠. 하지만 그곳에 소금이 있어 봤자 음식에 넣지 않으면 아무 쓸모가 없어요. 좋은 책을 많이 갖고 있어도 읽지 않으면 아무 소용이 없는 것처럼요.

 따라서 써 볼까요?

부	뚜	막	의		소	금	도		집	어
넣	어	야		짜	다	.				
부	뚜	막	의		소	금	도		집	어
넣	어	야		짜	다	.				

 아래에 바르게 써 볼까요?

부뚜막의 소금도 집어넣어야 짜다.

 **어떤 경우에 이 속담이 어울릴까요?**

"책을 읽지도 않을 거면서 뭐 하러 사는 거야? 부뚜막의 소금도 집어넣어야 짜다고 했어. 아무리 좋은 책도 안 읽으면 그냥 종이에 불과해."

"언젠가는 읽을 거라 생각하고 쌓아두기만 했어요. 오늘부터 열심히 읽을게요."

불난 집에 부채질한다.

본래 뜻 : 곤란에 빠진 사람을 더 곤란하게 하거나 화난 사람을 더 화나게 한다는 말.

인성이 쑥쑥 : 불이 났다면 힘을 합쳐 불을 끄는 것이 먼저예요. 그런데 불을 끄기는커녕 부채질을 한다면 어떻게 되겠어요? 그런 것처럼 입장이 곤란해진 친구가 있다면 어떻게 해야 할까요? 당연히 위로하거나 도와줘야겠지요. 그런데 위로는커녕 약만 올린다면 정말 나쁜 친구죠.

 따라서 써 볼까요?

불	난		집	에		부	채	질	한	다	.
불	난		집	에		부	채	질	한	다	.

 아래에 바르게 써 볼까요?

불난 집에 부채질한다.

 **어떤 경우에 이 속담이 어울릴까요?**

"나는 너를 친구라고 생각했어. 그런데 달리다 넘어졌는데 어떻게 낄낄거리며 웃기만 해?"

"아, 그건 미안해. 네가 개구리처럼 팔다리를 쫙 펴고 엎어진 모습이 너무 웃겼단 말이야."

"너 같은 애를 두고 불난 집에 부채질한다고 하는 거야. 앞으로 너랑 안 놀겠어!"

빈 수레가 요란하다.

본래 뜻 : 실속 없는 사람이 겉으로 더 떠들어 댄다는 말.

인성이 쑥쑥 : 빈 깡통에 돌을 넣고 흔들면 엄청 딸그랑거려요. 딸그랑딸그랑 귀가 따가울 정도로 시끄럽지요. 뭔가 꽉 찬 깡통에 돌을 넣으면 소리가 나질 않고요. 당연히 가벼운 수레도 요란하게 덜컹거려요. 축구를 별로 잘할 줄도 모르면서 축구를 제일 잘하는 것처럼 떠벌린다면 친구들이 뭐라고 할까요? 빈 수레 같다고 하겠지요?

 따라서 써 볼까요?

빈		수	레	가		요	란	하	다	.
빈		수	레	가		요	란	하	다	.

 아래에 바르게 써 볼까요?

빈 수레가 요란하다.

 **어떤 경우에 이 속담이 어울릴까요?**

"나는 축구에 대해서는 모르는 것이 한 가지도 없어. 나야말로 축구 박사야!"
"그렇게 큰소리를 땅땅 치면서 왜 골인 한 번 제대로 못 시키는데? 말만 앞세우니까 애들이 너한테 빈 수레가 요란하다고 놀리는 거야."

빛 좋은 개살구

본래 뜻 : 겉만 그럴듯하고 실속이 없는 경우.

인성이 쑥쑥 : '개살구'는 개살구나무의 열매로 살구보다 맛이 시고 떫어요. 겉보기에는 먹음직스러운 빛깔을 띠고 있지만 맛이 없는 열매죠. 엄청 시고 떫기만 해요. 그러니까 겉만 번드르르하고 속은 별 볼 일이 없는 과일이에요. 공부를 별로 하지 않으면서 학습지만 잔뜩 쌓아두는 것도 그런 경우이겠지요?

 따라서 써 볼까요?

빛		좋	은		개	살	구			
빛		좋	은		개	살	구			

 아래에 바르게 써 볼까요?

빛 좋은 개살구

어떤 경우에 이 속담이 어울릴까요?

"학습지를 잔뜩 쌓아두고 왜 거들떠보지도 않는 거야?"
"언젠가는 할 거라고 생각하니까요."
"작년에도 그랬어. 결국은 학년이 올라가면서 몽땅 버렸잖아. 정말 빛 좋은 개살구라니까!"

속담 퀴즈 박사 되기

1. 다음 빈칸에 알맞은 속담을 골라 써 볼까요?

1. ☐☐ **가는 데 실 간다.** 〈서로 밀접한 관계가 있는 것들은 떨어지지 않고 항상 붙어 있다는 뜻〉
   ① 단추 ② 바늘 ③ 가위 ④ 옷핀

2. **바늘 도둑이** ☐☐☐ **된다.** 〈작게 시작한 나쁜 일도 자꾸 하면 버릇이 되어 큰 잘못을 저지른다는 뜻〉
   ① 소도둑 ② 송아지 ③ 거짓말 ④ 호랑이

3. ☐☐ **뀐 놈이 성낸다.** 〈자기가 잘못하고서 오히려 남에게 성낸다는 뜻〉
   ① 한숨 ② 하품 ③ 트림 ④ 방귀

4. **배보다** ☐☐ **이 더 크다.** 〈기본보다 덧붙이는 것이 더 큰 경우를 이르는 말〉
   ① 배꼽 ② 발목 ③ 손목 ④ 가슴

5. ☐☐☐ **도 맞들면 낫다.** 〈아무리 쉬운 일이라도 서로 힘을 합하면 훨씬 쉽다는 뜻〉
   ① 개나리 ② 개구리 ③ 백지장 ④ 호랑이

6. ☐☐☐ **에 콩 볶아 먹겠다.** 〈행동이 매우 민첩함을 이르는 말〉
   ① 화롯불 ② 번갯불 ③ 등잔불 ④ 장작불

7. ☐ **무서워 산으로 못 가랴.** 〈중요한 일을 할 때 어려움이 있더라도 꼭 해야 한다는 뜻〉
   ① 범 ② 벌 ③ 매 ④ 새

8. **벼** ☐☐ **은 익을수록 고개를 숙인다.** 〈이삭이 잘 익으면 고개를 숙이듯 훌륭한 사람일수록 교만하지 않고 겸손하다는〉
   ① 이삭 ② 밑동 ③ 껍질 ④ 꽃잎

9. **부뚜막의** ☐☐ **도 집어넣어야 짜다.** 〈아무리 손쉬운 일이라도 하지 않으면 소용없다는 말〉
   ① 고추 ② 후추 ③ 소금 ④ 기름

10. **빈** ☐☐ **가 요란하다.** 〈실속 없는 사람이 겉으로 더 떠들어 댄다는 말〉
    ① 그네 ② 시소 ③ 나무 ④ 수레

정답: 1.바늘 2.소도둑 3.방귀 4.배꼽 5.백지장 6.번갯불 7.범 8.이삭 9.소금 10.수레

2. 다음 글을 읽고 어떤 내용의 속담이 맞는지 써 볼까요?

〈실제 한 번 보는 것이 말로만 백 번 듣는 것보다 확실하다는 뜻〉

 제주도는 바람이 엄청 세게 분다고 해.

 바람이 세봤자 얼마나 세겠어. 태풍처럼 불지는 않을 거 아냐?

 나도 모르겠어. 아무튼 바람이 많이 분다는 말만 들었어.

 나도 돌멩이가 날아다닐 정도라는 말을 들었어.

 _____ 고 하잖아. 꼭 한번 가 보고 싶다.

3. 아래 단어 중에 세 가지를 골라 속담을 써 볼까요?

> 바늘 / 도둑 / 방귀 / 배꼽 /
> 번갯불 / 소금 / 수레

_____

_____

_____

_____

_____

_____

_____

_____

_____

수레가 요란스럽다.

3. 바늘 : 바늘 가는 데 실 간다. / 도둑 : 바늘 도둑이 소도둑 된다. / 방귀 : 방귀 뀐 놈이 성낸다. / 배꼽 : 배꼽이 더 크다. / 번갯불 : 번갯불에 콩 볶아 먹겠다. / 소금 : 남의 말이란 남이 속에 넣어야 싼다. / 수레 : 빈

2. 백 번 듣는 것이 한 번 보는 것만 못하다.

정답

사공이 많으면 배가 산으로 간다. 127

본래 뜻 : 참견하는 사람이 많으면 일이 잘되기 어렵다는 뜻.

인성이 쑥쑥 : '사공'은 뱃사공의 줄임말로, 배를 부리는 사람이에요. 주로 혼자 배를 타니까 제 맘대로 노를 저어요. 그런데 그 작은 배에 여럿이 탔는데 제각각 갈 곳이 다르다면 어떻게 될까요? 모두 원하는 곳으로 가겠다고 고집을 피우다 보면 결국 배가 산으로 갈 수도 있겠지요?

 따라서 써 볼까요?

사	공	이		많	으	면		배	가	
산	으	로		간	다	.				
사	공	이		많	으	면		배	가	
산	으	로		간	다	.				

 아래에 바르게 써 볼까요?

사공이 많으면 배가 산으로 간다.

 **어떤 경우에 이 속담이 어울릴까요?**

"희야는 농구를 하고 싶다고 하지만 나는 축구를 하고 싶어. 그러니까 오늘은 축구하자."

"나는 농구도 싫고, 축구도 싫어. 야구 아니면 안 할래."

"이래서 사공이 많으면 배가 산으로 간다고 하는구나. 제각각 의견이 다른데 어떻게 해?"

사냥 가는 데 총 놓고 간다.

본래 뜻 : 무슨 일을 하러 가면서 가장 중요한 물건을 빠뜨리고 간다는 뜻.

인성이 쑥쑥 : 사냥을 가려면 총이 가장 중요해요. 그런데 총을 챙기지 않고 사냥터로 갔다면 어떻게 될까요? 사냥할 수가 없겠지요. 그건 학교 가면서 책가방을 그냥 집에 놔두고 가는 것과 같은 거예요.

 따라서 써 볼까요?

사	냥		가	는		데		총		놓
고		간	다	.						
사	냥		가	는		데		총		놓
고		간	다	.						

 아래에 바르게 써 볼까요?

사냥 가는 데 총 놓고 간다.

어떤 경우에 이 속담이 어울릴까요?

"큰일 났어. 내가 딴생각하느라고 책가방을 안 가져왔어."

"맙소사! 학교에 오면서 책가방을 안 가져왔다고? 사냥 가는 데 총 놓고 간다더니 네가 그렇구나."

사람 위에 사람 없고 사람 밑에 사람 없다. <u>129</u>

본래 뜻 : 사람이라면 누구나 태어날 때부터 권리와 의무가 평등하다는 뜻.

인성이 쑥쑥 : 사람은 누구나 소중한 존재예요. 누가 더 잘나고 못난 것 없이 모두 똑같아요. 내가 소중하다면 남도 소중해요. 남은 상관없고 오직 자신만 소중하다고 생각하는 아이가 있다면 그 아이에게 말해 주세요. "네가 우주라면 다른 사람도 우주야!"

 따라서 써 볼까요?

사	람		위	에		사	람		없	고	∨
사	람		밑	에		사	람		없	다	.
사	람		위	에		사	람		없	고	∨
사	람		밑	에		사	람		없	다	.

 아래에 바르게 써 볼까요?

사람 위에 사람 없고 사람 밑에 사람 없다.

 **어떤 경우에 이 속담이 어울릴까요?**

"뭐든지 내가 먼저야! 나 먼저 한 뒤에 너도 해! 먹는 것도 내가 먼저! 화장실 가는 것도 내가 먼저!"
"왜 형은 형밖에 몰라? 사람 위에 사람 없고 사람 밑에 사람 없다고 했어! 뭐든 형이 우선이라고 생각하니까 내가 화를 내는 거야!"

사람은 얼굴보다 마음이 고와야 한다. 130

본래 뜻 : 잘생긴 얼굴보다 마음씨가 고운 것이 더 중요하다는 뜻.

인성이 쑥쑥 : 얼굴이 예쁘거나 잘생기면 좋아요. 하지만 얼굴보다 마음씨가 착한 사람이 더 좋아요. 마음씨가 고운 사람은 누구나 좋아해요. 하지만 얼굴이 잘생기고 예쁘다며 뻐기기만 하고 남에게 베풀 줄 모르는 사람은 누구나 싫어해요.

 따라서 써 볼까요?

사	람	은		얼	굴	보	다		마	음
이		고	와	야		한	다	.		
사	람	은		얼	굴	보	다		마	음
이		고	와	야		한	다	.		

 아래에 바르게 써 볼까요?

사람은 얼굴보다 마음이 고와야 한다.

어떤 경우에 이 속담이 어울릴까요?

"너는 얼굴이 참 잘생겼어. 하지만 항상 너 자신보다 남을 먼저 생각하는 고운 마음씨는 더 멋있어."
"그렇게 말하니까 부끄럽잖아. 사람은 얼굴보다 마음이 고와야 한다고 했어."

산은 오를수록 높고 물은 건널수록 깊다. <u>131</u>

본래 뜻 : 갈수록 더욱 어려운 지경에 처하게 되는 경우.

인성이 쑥쑥 : 산을 오르는 것도 물을 건너는 것도 절대 쉬운 일이 아니에요. 하지만 포기하지 않고 산을 오르고 물을 건너면 반드시 목적지에 닿을 수 있어요. 공부도 마찬가지예요. 처음에는 힘들고 어렵지만 힘듦을 참고 견디면 좋은 성적을 내는 날이 반드시 오지요.

 따라서 써 볼까요?

산	은		오	를	수	록		높	고
물	은		건	널	수	록		깊	다	.
산	은		오	를	수	록		높	고
물	은		건	널	수	록		깊	다	.

 아래에 바르게 써 볼까요?

산은 오를수록 높고 물은 건널수록 깊다.

어떤 경우에 이 속담이 어울릴까요?

"영어를 잘하고 싶은데 정말 어려워. 처음에는 쉬웠는데 갈수록 어려워."

"산은 오를수록 높고 물은 건널수록 깊다고 했어. 그건 네 실력이 처음에 비해 많이 높아졌다는 뜻이야. 여기에서 포기하면 절대 영어를 잘할 수 없어. 힘내자!"

새도 가지를 가려서 앉는다.

본래 뜻 : 무슨 일이든 주위의 환경을 잘 살펴서 신중하게 하라는 말.

인성이 쑥쑥 : 하늘을 날던 새는 절대 위험한 자리에 앉지 않아요. 안전한 자리를 골라 앉지요. 아무 데나 앉았다가는 위험할 수도 있으니까요. 친구와 어딘가로 놀러 갈 때도 그래야 해요. 위험한 곳은 아닌지, 가면 안 되는 곳은 아닌지 신중하게 생각해야 해요.

 따라서 써 볼까요?

새	도		가	지	를		가	려	서	
앉	는	다	.							
새	도		가	지	를		가	려	서	
앉	는	다	.							

 아래에 바르게 써 볼까요?

새도 가지를 가려서 앉는다.

 **어떤 경우에 이 속담이 어울릴까요?**

"너무 더우니까 방죽에 가서 수영하고 놀자. 수영하고 놀면 정말 시원할 거야."

"방죽은 너무 위험해. 새도 가지를 가려서 앉는다고 했어. 덥다고 그런 위험한 곳에서 놀다가 잘못하면 물귀신이 될 수도 있어."

서당 개 삼 년에 풍월을 읊는다.

본래 뜻 : 한곳에 오래 있으면 웬만큼은 지식과 경험을 쌓게 된다는 뜻.

인성이 쑥쑥 : '서당'은 옛날에 공부하는 학교와 같은 곳이고, '풍월'은 맑은 바람과 밝은 달이라는 뜻이에요. 그러니까 개도 서당에서 삼 년을 살면 자연의 아름다움을 노래한 시를 외울 수 있다는 우스갯소리예요. 뭐든 하다 보면 잘할 수 있다는 뜻이겠죠?

 따라서 써 볼까요?

서	당	개	삼	년에	풍
월	을	읊	는	다.	
서	당	개	삼	년에	풍
월	을	읊	는	다.	

 아래에 바르게 써 볼까요?

서당 개 삼 년에 풍월을 읊는다.

어떤 경우에 이 속담이 어울릴까요?

"나는 네가 끓여주는 라면이 세상에서 제일 맛있는 것 같아. 어떻게 하면 그 실력이 돼?"

"서당 개 삼 년에 풍월을 읊는다고 했어. 일하시는 부모님 대신 동생한테 라면을 자주 끓여줬더니 자연스럽게 실력이 늘었어."

설거지 한 사람이 항아리 깬다. 134

본래 뜻 : 일하다가 실수한 것을 너무 나무라지 말라는 뜻.

인성이 쑥쑥 : 옛날에 항아리는 귀하고 비쌌어요. 만약 항아리가 깨졌다면 누구 짓일까요? 가만히 있는 사람이 깰 리가 없어요. 당연히 청소하거나 설거지하던 사람이 깼을 거예요. 뭔가를 열심히 하다가 실수한 것은 나무라기 전에 괜찮은가를 먼저 묻는 것이 옳겠지요?

 따라서 써 볼까요?

설	거	지		한		사	람	이		항
아	리		깬	다	.					
설	거	지		한		사	람	이		항
아	리		깬	다	.					

 아래에 바르게 써 볼까요?

설거지 한 사람이 항아리 깬다.

어떤 경우에 이 속담이 어울릴까요?

"엄마가 아끼는 컵을 깨버리고 말았어요. 정말 죄송해요."

"설거지 한 사람이 항아리 깬다고 했어. 엄마 도와주려다 깼잖아. 네가 안 다쳐서 천만다행이다."

세 살 버릇이 여든까지 간다.

본래 뜻 : 어렸을 때부터 버릇을 잘 들여야 어른이 돼서도 좋은 습관을 갖는다는 뜻.

인성이 쑥쑥 : '여든'은 80살을 뜻해요. 세 살이 되면 말버릇이나 행동거지를 비롯한 여러 가지 습관이 몸에 익기 시작하죠. 그러니까 어려서부터 좋은 습관과 행동을 배운다면 먼 훗날까지 이어갈 수 있어요. 아침에 일어나면 부모님께 항상 밝게 인사하는 습관도 그렇겠지요?

 따라서 써 볼까요?

세		살		버	릇	이		여	든	까
지		간	다	.						
세		살		버	릇	이		여	든	까
지		간	다	.						

 아래에 바르게 써 볼까요?

세 살 버릇이 여든까지 간다.

 **어떤 경우에 이 속담이 어울릴까요?**

"아빠 엄마, 안녕히 주무셨어요?"

"그래, 아침마다 네가 밝게 인사하니까 기분 좋게 하루를 시작하게 된다."

"세 살 버릇이 여든까지 간다고 어려서부터 저를 그렇게 가르치셨잖아요."

소 잃고 외양간 고친다.

본래 뜻 : 일이 이미 잘못된 뒤에는 손을 써도 소용이 없다는 말.

인성이 쑥쑥 : '외양간'은 말이나 소를 기르는 곳이에요. 이미 소나 말을 도둑맞은 뒤에 허물어진 외양간을 고치려고 수선을 떨어봤자 잃어버린 동물이 돌아올까요? 내가 함부로 행동해서 친구가 두 번 다시 나를 안 본다고 하면, 아무리 후회해도 소용없는 것처럼요.

 따라서 써 볼까요?

소		잃	고		외	양	간		고	친
다	.									
소		잃	고		외	양	간		고	친
다	.									

 아래에 바르게 써 볼까요?

소 잃고 외양간 고친다.

어떤 경우에 이 속담이 어울릴까요?

"정말 내가 미안해. 네가 편하니까 내가 함부로 행동했어. 한 번만 봐줘라."
"소 잃고 외양간 고친다는 말이 있어. 이미 늦었다는 뜻이야. 난 절대 너를 용서하지 않겠어!"

소문난 잔치에 먹을 것 없다.

본래 뜻 : 떠들썩한 소문이나 큰 기대보다 실속이 없거나 사실과 다르다는 말.

인성이 쑥쑥 : 큰 잔치가 열린다고 해서 찾아갔는데 먹을 것이 없다면 얼마나 실망스럽겠어요. 친구 생일 초대를 받았는데, 가보니 케이크만 있고 과자 하나 없다면 어떻겠어요? 뭔가를 잘한다고 소문만 내고 할 줄 아는 것이 아무것도 없는 경우도 똑같아요.

 따라서 써 볼까요?

소	문	난		잔	치	에		먹	을	
것		없	다	.						
소	문	난		잔	치	에		먹	을	
것		없	다	.						

 아래에 바르게 써 볼까요?

소문난 잔치에 먹을 것 없다.

 **어떤 경우에 이 속담이 어울릴까요?**

"네가 공부라면 뭐든지 다 잘한다고 떠들어서 나는 진짜 그런 줄 알았어. 근데 아직 구구단도 다 못 외웠어? 이래서 소문난 잔치에 먹을 것 없다고 하는구나."

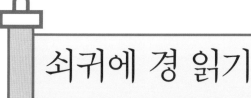

쇠귀에 경 읽기

본래 뜻 : 아무리 가르치고 일러주어도 알아듣지 못한다는 말.

인성이 쑥쑥 : '쇠귀'는 소의 귀를 뜻해요. '경'은 석가모니와 그 제자들의 가르침을 모아놓은 불교 책이고요. 옛날에는 소를 잡기 전에 소의 영혼이 좋은 곳으로 가라고 불경을 들려주었어요. 하지만 소가 불경을 알아들었을까요? 좋은 말도 마음을 열고 듣는 사람에게만 들리겠죠?

 따라서 써 볼까요?

쇠	귀	에		경		읽	기			
쇠	귀	에		경		읽	기			

 아래에 바르게 써 볼까요?

쇠귀에 경 읽기

 **어떤 경우에 이 속담이 어울릴까요?**

"아침에 일어나면 제일 먼저 양치부터 하라는 말을 또 잊어버렸어?"

"엄마, 어차피 밥 먹고 양치할 거잖아요. 일어나서 양치하는 것 안 하면 안 돼요?"

"정말 쇠귀에 경 읽기다. 밤새 입안에 생긴 세균을 없애려면 양치부터 해야 한다니까!"

쇠뿔도 단김에 빼랬다.

본래 뜻 : 어떤 일이든지 하려고 생각했으면 망설이지 말고 행동으로 옮기라는 뜻.

인성이 쑥쑥 : 예부터 수소를 부리기 좋게 하려고 뿔 제거를 했어요. 단단히 박힌 소의 뿔을 뽑으려면 불로 달구어 놓은 김에 재빨리 해치워야 한다는 뜻이죠. 어차피 뿔을 빼야 한다면 한순간에 해치워야 사람도 소도 덜 힘들 테니까요.

 따라서 써 볼까요?

쇠	뿔	도		단	김	에		빼	랬	다.
쇠	뿔	도		단	김	에		빼	랬	다.

 아래에 바르게 써 볼까요?

쇠뿔도 단김에 빼랬다.

 **어떤 경우에 이 속담이 어울릴까요?**

"우리 축구하고 와서 숙제하면 안 될까? 지금은 숙제하기 싫어."
"나도 숙제하기 싫어. 하지만 **쇠뿔도 단김에 빼랬다**고 하기 싫어도 숙제부터 하고 놀자."

수박 겉핥기

본래 뜻 : 사물의 속 내용은 모른 채 겉만 건드린다는 말.

인성이 쏙쏙 : 수박 껍질은 파랗고 속은 빨갛지요. 당연히 수박 속이 달고 맛있죠. 그러니까 수박 껍질을 맛보고 수박을 먹었다고 하는 것은 바보짓이에요. 그런 것처럼 책을 제대로 읽지도 않고 대충 훑어보고는 다 읽었다고 한다면, 그것도 바보짓이 분명해요.

 따라서 써 볼까요?

수	박		겉	핥	기				
수	박		겉	핥	기				

 아래에 바르게 써 볼까요?

수박 겉핥기

 **어떤 경우에 이 속담이 어울릴까요?**

"나는 하루에 동화책 열 권씩 읽어. 책 한 권 읽는데 십 분도 안 걸려."
"어떻게 책 한 권을 십 분에 읽어? 완전히 **수박 겉핥기**구나. 에이, 그건 진짜 바보짓이다. 책을 꼼꼼하게 읽어야 책 속에 담긴 내용을 내 것으로 만들지."

시작이 반이다.

본래 뜻 : 무슨 일이든지 시작이 어렵지 일단 시작하면 끝마치기는 그다지 어렵지 않다는 말.

인성이 쑥쑥 : 시작을 아예 안 했다면 끝을 만날 수 없어요. 반대로 무슨 일이든 일단 시작을 했다면 그만큼 끝이 가까워지죠. 산 밑에서 보면 산꼭대기가 까마득해 보이지만 일단 시작을 하면 점점 정상이 가까워지고, 마침내 무사히 산행을 마칠 수 있는 것처럼요.

 따라서 써 볼까요?

시	작	이		반	이	다	.			
시	작	이		반	이	다	.			

 아래에 바르게 써 볼까요?

시작이 반이다.

 **어떤 경우에 이 속담이 어울릴까요?**

"오늘 목표는 산 정상에 가서 맛있게 점심을 먹고 내려오는 걸로 하자."
"알겠어요. 시작이 반이다는 말처럼 출발했으니까 어렵지 않게 산꼭대기까지 갈 수 있을 것 같아요."

싼 것이 비지떡

142

본래 뜻 : 값이 싼 물건은 그만큼 질이 나쁘다는 말.

인성이 쑥쑥 : '비지'는 두부를 만들고 남은 찌꺼기예요. 비지에 쌀가루나 밀가루를 넣어 부친 떡을 '비지떡'이라고 하죠. 끈기도 없고 맛이 별로 없어요. 값이 싸고 물건도 좋다면 더할 나위 없이 좋겠지만, 값싼 물건은 대부분 품질이 떨어져요. 값싼 학용품이 금방 망가지는 것처럼요.

따라서 써 볼까요?

싼		것	이		비	지	떡			
싼		것	이		비	지	떡			

아래에 바르게 써 볼까요?

싼 것이 비지떡

어떤 경우에 이 속담이 어울릴까요?

"지우개가 다른 것보다 두 배나 싸길래 샀더니 쓸 수가 없어. 글씨가 지워지질 않아."
"**싼 것이 비지떡**이라고 했어. 나는 제값 주고 샀더니 뭐든지 잘 지워져."

속담 퀴즈 박사 되기

1. 다음 빈칸에 알맞은 속담을 골라 써 볼까요?

1. ☐☐이 많으면 배가 산으로 간다. 〈참견하는 사람이 많으면 일이 잘 되기 어렵다는 뜻〉

① 사공 ② 대장 ③ 반장 ④ 동생

2. 사람은 얼굴보다 ☐☐이 고와야 한다. 〈잘생긴 얼굴보다 마음씨가 고운 것이 더 중요하다는 뜻〉

① 손목 ② 마음 ③ 가슴 ④ 발목

3. ☐도 가지를 가려서 앉는다. 〈무슨 일이든 주위의 환경을 잘 살펴서 신중하게 하라는 말〉

① 새 ② 개 ③ 꽃 ④ 씨

4. 세 살 버릇이 ☐☐까지 간다. 〈어렸을 때부터 버릇을 잘 들여야 어른이 돼서도 좋은 습관을 갖는다는 뜻〉

① 마흔 ② 스물 ③ 여든 ④ 서른

5. ☐ 잃고 외양간 고친다. 〈일이 이미 잘못된 뒤에는 손을 써도 소용이 없다는 말〉

① 개 ② 꿩 ③ 새 ④ 소

6. 소문난 ☐☐에 먹을 것 없다. 〈떠들썩한 소문이나 큰 기대보다 실속이 없거나 사실과 다르다는 말〉

① 시장 ② 여행 ③ 잔치 ④ 장날

7. ☐☐도 단김에 빼랬다. 〈어떤 일이든지 하려고 생각했으면 망설이지 말고 행동으로 옮기라는 뜻〉

① 쇠뿔 ② 말뿔 ③ 개뿔 ④ 닭뿔

8. ☐☐ 겉핥기 〈사물의 속 내용은 모른 채 겉만 건드린다는 말〉

① 오이 ② 수박 ③ 감귤 ④ 사과

9. ☐☐이 반이다. 〈무슨 일이든지 시작이 어렵지 일단 시작하면 끝마치기는 그다지 어렵지 않다는 말〉

① 대문 ② 골목 ③ 중간 ④ 시작

10. 싼 것이 ☐☐☐ 〈값이 싼 물건은 그만큼 질이 나쁘다는 말〉

① 빈대떡 ② 쑥개떡 ③ 비지떡 ④ 찹쌀떡

정답
1.사공 2.마음 3.새 4.여든 5.소 6.잔치 7.쇠뿔 8.수박 9.시작 10.비지떡

2. 다음 글을 읽고 어떤 내용의 속담이 맞는지 써 볼까요?

〈무슨 일을 하러 가면서 가장 중요한 물건을 빠뜨리고 간다는 뜻〉

 우리 운동장에 가서 야구하고 놀자.

 그러자. 나도 야구하고 싶었어.

 아차! 어쩌지? 야구공을 안 가져왔어. 글러브만 챙겼네.

이런!_____고 하더니!

3. 아래 단어 중에 세 가지를 골라 속담을 써 볼까요?

사공 / 사냥 / 새 / 서당 /
버릇 / 수박 / 시작

_____

_____

_____

_____

_____

_____

_____

_____

_____

_____

아는 길도 물어 가랬다.

본래 뜻 : 잘 아는 일이라도 세심하게 주의를 하라는 말.

인성이 쑥쑥 : 분명히 알고 있던 길인데도 엉뚱한 곳이 나올 때가 있어요. 그럴 때면 여러분은 어떻게 하나요? 알고 있던 길이라며 계속 걸어가나요? 아니면 누구에겐가 길을 물어보나요? 그냥 무턱대고 가기보다는 누구에겐가 길을 물어본다면 헛걸음치는 일은 없겠지요?

 따라서 써 볼까요?

아	는		길	도		물	어		가	랬
다	.									
아	는		길	도		물	어		가	랬
다	.									

 아래에 바르게 써 볼까요?

아는 길도 물어 가랬다.

 **어떤 경우에 이 속담이 어울릴까요?**

"참 이상하다. 보성이 집이 이쪽인데 왜 나오질 않지? 내가 알고 있는 길이니까 계속 가다 보면 찾을 수 있을 거야."

"아는 길도 물어 가랬다고 무턱대고 헤매지 말고 저 아주머니한테 한 번 물어보자."

아니 땐 굴뚝에 연기 날까.

본래 뜻 : 원인이 없으면 결과가 있을 수 없다는 뜻.

인성이 쑥쑥 : 불을 때면 굴뚝으로 연기가 나와요. 불도 안 땠는데 연기가 날 리 없어요. 어떤 결과가 생긴 것은 분명한 원인이 있어서예요. 친구가 나한테 몹시 화를 낸다면 분명히 나한테 섭섭한 일이 있었을 거예요. 그럼 무엇이 문제인지 파악하고 오해를 풀어야겠죠?

 따라서 써 볼까요?

아	니		땐		굴	뚝	에		연	기	∨
날	까	.									
아	니		땐		굴	뚝	에		연	기	∨
날	까	.									

 아래에 바르게 써 볼까요?

아니 땐 굴뚝에 연기 날까.

어떤 경우에 이 속담이 어울릴까요?

"정말 네가 뭘 실수했는지 모른단 말이야? 내가 왜 이렇게 화가 났는지 모르겠어?"

"나는 모르겠어. 어제도 우리는 잘 놀았잖아. 근데 왜 화가 난 거야?"

"아니 땐 굴뚝에 연기 날까? 헤어지면서 네가 나한테 뭐라고 했는지 잘 생각해 봐."

얌전한 고양이가 부뚜막에 먼저 올라간다.  145

본래 뜻 : 겉으로는 얌전하고 아무것도 못 할 것 같지만 실제로는 실속을 다 차린다는 뜻.

인성이 쑥쑥 : 겉으로 봤을 때 고양이는 참 얌전해 보여요. 하지만 뭔가 결정을 했을 때는 눈 깜짝할 사이에 행동으로 옮기죠. 친구 중에서도 평상시에는 조용한 편이지만, 장기 자랑 시간이 되면 제일 먼저 신나게 춤추며 노는 친구가 있지요? 그런 친구를 두고 하는 말이기도 해요.

 따라서 써 볼까요?

얌	전	한		고	양	이	가		부	뚜
막	에		먼	저		올	라	간	다	.
얌	전	한		고	양	이	가		부	뚜
막	에		먼	저		올	라	간	다	.

 아래에 바르게 써 볼까요?

얌전한 고양이가 부뚜막에 먼저 올라간다.

 **어떤 경우에 이 속담이 어울릴까요?**

"유리는 평상시에는 소리도 없이 조용한데 장기 자랑 시간이 되면 제일 신나게 놀아."
"얌전한 고양이가 부뚜막에 먼저 올라간다고 하잖아. 조용하던 유리가 갑자기 일어나서 신나게 춤추고 노는 모습을 보면 그 용기가 정말 부러워."

양지가 음지 되고 음지가 양지 된다. ₁₄₆

본래 뜻 : 운이 나쁜 사람도 좋아질 날이 있고, 좋았던 사람도 나빠질 날이 있다는 뜻.

인성이 쑥쑥 : 운이 안 좋은 날이 있고, 반대로 느닷없이 행운이 생기는 날도 있어요. 그러니까 오늘 안 좋은 일이 있다고 우울할 필요는 없어요. 언젠가는 분명히 좋은 일이 생기니까요. 공부를 못해서 우울했는데, 공부에 재미를 느낀 뒤로 성적이 쑥쑥 오르는 것처럼요.

 따라서 써 볼까요?

양	지	가		음	지		되	고		음
지	가		양	지		된	다	.		
양	지	가		음	지		되	고		음
지	가		양	지		된	다	.		

 아래에 바르게 써 볼까요?

양지가 음지 되고 음지가 양지 된다.

어떤 경우에 이 속담이 어울릴까요?

"우리 반에서 제일 공부를 잘하던 민재는 요즘 축구만 하고, 맨날 꼴찌만 하던 너는 요즘 공부만 하고. 너희 둘은 정말 알다가도 모르겠다."

"양지가 음지 되고 음지가 양지 된다고 했어. 민재만 공부 잘하라는 법은 없잖아."

언 발에 오줌 누기

본래 뜻 : 무슨 일을 대충 처리하면 효과가 오래 못 가거나 오히려 나빠질 수도 있다는 뜻.

인성이 쑥쑥 : 언 발을 녹이려고 발등에 오줌을 누면 어떻게 될까요? 발에 오줌이 흥건하게 묻었으니 더 꽁꽁 얼겠지요. 장난감 자동차 조립을 꼼꼼하게 하지 않고 대충하는 것도 그런 경우이겠지요? 대충 조립한 자동차가 제대로 작동할 리가 없을 테니까요.

 따라서 써 볼까요?

언		발	에		오	줌		누	기	
언		발	에		오	줌		누	기	

 아래에 바르게 써 볼까요?

언 발에 오줌 누기

 **어떤 경우에 이 속담이 어울릴까요?**

"왜 내 자동차는 꿈쩍도 안 하지? 네 것은 씽씽 잘 달리는데."

"자동차 조립을 순서대로 했어야지. 나는 설명서 보면서 꼼꼼하게 조립했지만 너는 귀찮다고 대충했잖아. 언 발에 오줌 누기 식으로 조립했는데 제대로 굴러가겠어?"

열 길 물속은 알아도 한 길 사람의 속은 모른다. ¹⁴⁸

본래 뜻 : 사람의 속마음을 알기란 매우 힘들다는 뜻.

인성이 쑥쑥 : '한 길'은 보통 사람의 키 정도 되는 길이에요. '열 길 물속'은 사람 키의 열 배만큼 깊다는 뜻이죠. 물속이 제아무리 깊어도 그 속이 궁금하면 여러 방법을 통해 얼마든지 알아낼 수 있어요. 하지만 사람의 마음을 알아내기란 참으로 힘들어요.

 따라서 써 볼까요?

열		길		물	속	은		알	아	도	∨
한		길		사	람	의		속	은		
모	른	다	.								
열		길		물	속	은		알	아	도	∨
한		길		사	람	의		속	은		
모	른	다	.								

 아래에 바르게 써 볼까요?

열 길 물속은 알아도 한 길 사람의 속은 모른다.

어떤 경우에 이 속담이 어울릴까요?

"미나는 하루에도 열 번은 바뀌는 것 같아. 아침에는 기분이 좋았다가 오후가 되면 괜히 짜증만 부리잖아."
"열 길 물속은 알아도 한 길 사람의 속은 모른다고 하더니 그 애를 두고 하는 말 같아."

열 번 찍어 안 넘어가는 나무 없다. ¹⁴⁹

본래 뜻 : 안 될 것 같던 일도 포기하지 않고 열심히 하면 결국 이뤄진다는 말.

인성이 쑥쑥 : 아무리 큰 나무도 여러 번 도끼질하면 결국 넘어가요. 절대 안 될 것 같던 일도 포기하지 않고 계속하면 언젠가는 이뤄지지요. 영어 공부가 어렵지만 꼭 영어 박사가 되고 싶다면 어떻게 해야 할까요? 포기하지 않고 열심히 하면 언젠가는 성공할 수 있겠지요?

 따라서 써 볼까요?

열		번		찍	어		안		넘	어
가	는		나	무		없	다	.		
열		번		찍	어		안		넘	어
가	는		나	무		없	다	.		

 아래에 바르게 써 볼까요?

열 번 찍어 안 넘어가는 나무 없다.

어떤 경우에 이 속담이 어울릴까요?

"나는 영어가 세상에서 제일 어려운 공부 같아. 하지만 내 꿈은 영어 박사가 되는 거야."
"열 번 찍어 안 넘어가는 나무 없다고 했어. 포기하지 말고 열심히 하다 보면 네 꿈이 꼭 이뤄질 거야. 파이팅!"

열 손가락 깨물어 안 아픈 손가락 없다. [150]

본래 뜻 : 자식이 많아도 부모에게는 모두 다 귀하고 소중하다는 뜻.

인성이 쑥쑥 : 여기에서 열 손가락은 자식을 뜻해요. 손가락을 깨물면 아프지 않은 손가락이 없듯이 부모님에게 자식은 모두 소중해요. 부모님이 나보다 동생을 더 예뻐하는 것 같은 생각이 들 때도 있지요? 하지만 그건 절대 아니에요. 부모님 맘속에는 자식이 모두 귀중한 보물이거든요.

 따라서 써 볼까요?

열		손	가	락		깨	물	어		안 ∨
아	픈		손	가	락		없	다	.	
열		손	가	락		깨	물	어		안 ∨
아	픈		손	가	락		없	다	.	

 아래에 바르게 써 볼까요?

열 손가락 깨물어 안 아픈 손가락 없다.

 **어떤 경우에 이 속담이 어울릴까요?**

"요즘 네가 괜히 심술만 부리고 투정을 부리는데 무슨 일 있는 거야?"

"엄마는 형한테만 관심을 쏟잖아요. 저는 거들떠보지도 않잖아요! 그래서 엄청 속상해요."

"무슨 소리야? 열 손가락 깨물어 안 아픈 손가락 없다고 했어. 절대 그런 일 없어!"

오랜 가뭄 끝에 단비 온다. 151

본래 뜻 : 오랫동안 기다렸던 일이 마침내 이루어진다는 뜻.

인성이 쑥쑥 : '단비'는 꼭 필요할 때 알맞게 내리는 비를 뜻해요. 아무리 긴 가뭄에도 언젠가는 비가 내리죠. 몸이 안 좋아서 오랫동안 아팠지만 꼭 건강해지고 말겠다는 각오로 운동을 게을리 하지 않는다면 반드시 건강해지는 날이 오는 것처럼요.

 따라서 써 볼까요?

오	랜		가	뭄		끝	에		단	비	∨
온	다	.									
오	랜		가	뭄		끝	에		단	비	∨
온	다	.									

 아래에 바르게 써 볼까요?

오랜 가뭄 끝에 단비 온다.

어떤 경우에 이 속담이 어울릴까요?

"네 몸이 워낙 약해서 그동안 걱정이 많았어. 그런데 이렇게 건강해지다니! 정말 기쁘다."

"오랜 가뭄 끝에 단비 온다고 했어요. 그동안 운동을 열심히 하고, 밥도 잘 먹고 그랬더니 이제는 완전히 건강해졌어요."

우물 안 개구리

본래 뜻 : 넓은 세상의 형편을 알지 못하는 사람을 비유적으로 이르는 말.

인성이 쑥쑥 : '우물'은 땅을 깊게 파서 물이 고이게 한 곳을 말해요. 우물 안의 개구리는 그곳이 세상에서 가장 넓다고 생각하겠죠. 우물 안 개구리처럼 되지 않으려면 열심히 보고 듣고 배워서 많은 경험을 쌓는 것이 중요해요. 세상은 아주 넓으니까요.

 따라서 써 볼까요?

우	물		안		개	구	리			
우	물		안		개	구	리			

 아래에 바르게 써 볼까요?

우물 안 개구리

 **어떤 경우에 이 속담이 어울릴까요?**

"철민이는 자기가 세상에서 축구를 제일 잘한다고 생각해. 자기를 이길 사람이 없다고 뻐겨."

"그래 봤자 우물 안 개구리야. 우리 반에서 제일 잘할 뿐이야. 세상에는 축구 선수가 얼마나 많은데."

웃는 낯에 침 뱉으랴.

153

본래 뜻 : 좋게 대하는 사람에게 나쁘게 대할 수 없다는 말.

인성이 쑥쑥 : '낯'은 얼굴이라는 뜻이에요. 웃는 얼굴을 보면 언짢았던 기분도 좋아지죠. 반대로 얼굴을 찡그리기만 하는 사람은 가까이하고 싶지 않아요. 항상 웃는 아이 옆에는 많은 친구가 있지만 짜증만 내는 아이 옆에는 친구가 별로 없는 것도 그 이유죠.

 따라서 써 볼까요?

웃	는		낯	에		침		뱉	으	랴	.
웃	는		낯	에		침		뱉	으	랴	.

 아래에 바르게 써 볼까요?

웃는 낯에 침 뱉으랴.

어떤 경우에 이 속담이 어울릴까요?

"혜은이가 네 책을 실수로 찢었는데 왜 괜찮다고 했어? 네가 혜은이한테 화내는 걸 본 적이 없어."

"웃는 낯에 침 뱉으랴? 혜은이는 항상 방글방글 웃잖아. 화날 일이 있어도 그 애 얼굴만 보면 저절로 화가 풀린다니까."

원수는 외나무다리에서 만난다.

154

본래 뜻 : 남에게 나쁜 일을 하면 그 죗값을 받을 때가 반드시 온다는 말.

인성이 쑥쑥 : '외나무다리'는 통나무로 만든 다리로 좁은 시냇물이나 도랑 같은 곳에 놓여요. 한 사람이 겨우 건널 수 있을 정도로 좁은 다리죠. 간혹 만나기 싫은 사람이 있어요. 그런데 그 사람을 우연히 만날 때가 있어요. 그것도 피할 수 없는 외나무다리 같은 곳에서요.

 따라서 써 볼까요?

원	수	는		외	나	무	다	리	에	서 ∨
만	난	다	.							
원	수	는		외	나	무	다	리	에	서 ∨
만	난	다	.							

 아래에 바르게 써 볼까요?

원수는 외나무다리에서 만난다.

어떤 경우에 이 속담이 어울릴까요?

"네가 엊그제 우리 집 강아지를 때리고 도망친 그 녀석이로구나!"

"으악! 새로 오신 선생님이 내가 때려준 강아지 주인이라니……."

"원수는 외나무다리에서 만난다고 하더니, 교실에서 너를 만날 줄이야!"

원숭이도 나무에서 떨어진다.

본래 뜻 : 익숙하게 잘하던 것도 간혹 실수할 때가 있다는 뜻.

인성이 쑥쑥 : 원숭이는 나무를 아주 잘 타니까 절대 떨어질 일은 없을 것 같아요. 하지만 원숭이도 아차 실수로 떨어질 수 있어요. 그런 것처럼 내가 아무리 잘하는 일이라도 실수를 저지를 때가 있지요. 그럴 때면 실망하지 말고 좀 더 조심해야겠다고 생각하는 것이 옳겠지요?

 따라서 써 볼까요?

원	숭	이	도		나	무	에	서		떨
어	진	다	.							
원	숭	이	도		나	무	에	서		떨
어	진	다	.							

 아래에 바르게 써 볼까요?

원숭이도 나무에서 떨어진다.

어떤 경우에 이 속담이 어울릴까요?

"나는 자전거 타기는 정말 자신 있었어. 나중에 사이클 선수가 꿈이거든. 그런데 어제 자전거를 타다가 어처구니없게 넘어지고 말았어. 헬멧을 쓰고 있어서 천만다행이었어."

"많이 놀랐겠다. 원숭이도 나무에서 떨어진다는 말이 있잖아. 앞으로 조심해서 타면 돼."

윗물이 맑아야 아랫물이 맑다.

본래 뜻 : 윗사람이 잘하면 아랫사람도 따라서 잘하게 된다는 말.

인성이 쑥쑥 : 물은 위에서 아래로, 높은 곳에서 낮은 곳으로 흘러요. 윗물이 맑으면 아랫물도 맑고, 윗물이 흐리면 아랫물도 흐려요. 그런 것처럼 윗사람의 행동을 아랫사람이 따라 배우는 것은 당연한 일이에요. 내 행동을 동생이 똑같이 따라 하는 것처럼요.

 따라서 써 볼까요?

윗	물	이		맑	아	야		아	랫	물
이		맑	다	.						
윗	물	이		맑	아	야		아	랫	물
이		맑	다	.						

 아래에 바르게 써 볼까요?

윗물이 맑아야 아랫물이 맑다.

어떤 경우에 이 속담이 어울릴까요?

"너는 물을 먹고 난 뒤에 컵을 왜 아무 데나 놔두는데? 컵을 쓴 뒤에 물로 헹궈 놓으라고 말했잖아!"

"누나도 엄마가 빈 밥그릇을 설거지통에 넣어두라고 해도 식탁에 그냥 두잖아!"

"그건 내 잘못이야. 이래서 윗물이 맑아야 아랫물이 맑다고 하는구나. 앞으로는 나부터 조심할게."

이 없으면 잇몸으로 산다.

본래 뜻 : 꼭 필요한 것이 없으면 안 될 것 같지만 없으면 없는 대로 그럭저럭 살 수 있다는 말.

인성이 쑥쑥 : '잇몸'은 이뿌리를 둘러싸고 있는 살이에요. 이가 없거나 안 좋아서 음식을 씹을 수가 없으면 잇몸이 그 역할을 대신하죠. 마치 엄마가 아플 때 내가 엄마 대신 밥을 차리거나 동생을 챙기는 것처럼요.

 따라서 써 볼까요?

이		없	으	면		잇	몸	으	로	
산	다	.								
이		없	으	면		잇	몸	으	로	
산	다	.								

 아래에 바르게 써 볼까요?

이 없으면 잇몸으로 산다.

 **어떤 경우에 이 속담이 어울릴까요?**

"엄마가 감기가 심해서 일어날 수가 없구나. 아침을 챙겨야 하고 동생 유치원 보낼 준비도 해야 하는데 어떻게 하지?"

"엄마 걱정하지 마세요. 이 없으면 잇몸으로 산다잖아요. 서툴지만 제가 하면 돼요."

입에 쓴 약이 병에는 좋다.

본래 뜻 : 충고나 비판이 듣기 싫더라도 달게 받아들이면 언젠가는 좋은 결과를 얻는다는 뜻.

인성이 쑥쑥 : 약은 쓴 편이에요. 몸이 아픈데 쓴 약이 싫어서 안 먹으면 어떻게 될까요? 그런 것처럼 친구가 내게 싫은 말을 하면 어떻게 해야 할까요? 쓴 약을 먹어야 병이 낫듯, 친구가 왜 저런 말을 할까, 곰곰이 생각한다면 분명히 좋은 답을 찾을 수 있을 거예요.

 따라서 써 볼까요?

입	에		쓴		약	이		병	에	는	∨
좋	다	.									
입	에		쓴		약	이		병	에	는	∨
좋	다	.									

 아래에 바르게 써 볼까요?

입에 쓴 약이 병에는 좋다.

어떤 경우에 이 속담이 어울릴까요?

"너는 애들을 너무 괴롭혀. 그러면서 애들이 너를 싫어한다고 투덜거리기만 하잖아."

"너는 왜 내가 듣기 싫어하는 말만 해? 내가 언제 투덜거렸어?"

"입에 쓴 약이 병에는 좋다고 했어. 내가 왜 이런 말을 하는지 잘 생각해 봐."

속담 퀴즈 박사 되기

1. 다음 빈칸에 알맞은 속담을 골라 써 볼까요?

1. 아는 [ ]도 물어 가랬다. 〈잘 아는 일이라도 세심하게 주의를 하라는 말〉
　① 길　② 물　③ 밭　④ 산

2. 언 발에 [ ][ ] 누기 〈무슨 일을 대충 처리하면 효과가 오래 못 가거나 오히려 나빠질 수도 있다는 뜻〉
　① 거름　② 오줌　③ 오물　④ 대변

3. 열 번 찍어 안 넘어가는 [ ][ ] 없다. 〈안 될 것 같던 일도 포기하지 않고 열심히 하면 결국 이뤄진다는 말〉
　① 가지　② 열매　③ 씨앗　④ 나무

4. 열 [ ][ ][ ] 깨물어 안 아픈 손가락 없다. 〈자식이 많아도 부모에게는 모두 다 귀하고 소중하다는 뜻〉
　① 손가락　② 발가락　③ 손바닥　④ 발바닥

5. 우물 안 [ ][ ][ ] 〈넓은 세상의 형편을 알지 못하는 사람을 비유적으로 이르는 말〉
　① 송사리　② 버들치　③ 개구리　④ 도롱뇽

6. 웃는 [ ]에 침 뱉으랴. 〈좋게 대하는 사람에게 나쁘게 대할 수 없다는 말〉
　① 눈　② 발　③ 손　④ 낯

7. [ ][ ]는 외나무다리에서 만난다. 〈남에게 나쁜 일을 하면 그 죗값을 받을 때가 반드시 온다는 말〉
　① 친구　② 원수　③ 장사　④ 참새

8. [ ][ ][ ]도 나무에서 떨어진다. 〈익숙하게 잘하던 것도 간혹 실수할 때가 있다는 뜻〉
　① 당나귀　② 망아지　③ 호랑이　④ 원숭이

9. [ ] 없으면 잇몸으로 산다. 〈꼭 필요한 것이 없으면 안 될 것 같지만 없으면 없는 대로 그럭저럭 살 수 있다는 말〉
　① 귀　② 발　③ 이　④ 손

10. 입에 쓴 [ ]이 병에는 좋다. 〈충고나 비판이 듣기 싫더라도 달게 받아들이면 언젠가는 좋은 결과를 얻는다는 뜻〉
　① 약　② 떡　③ 콩　④ 책

정답
1.길 2.오줌 3.나무 4.손가락 5.개구리 6.낯 7.원수 8.원숭이 9.이 10.약

2. 다음 글을 읽고 어떤 내용의 속담이 맞는지 써 볼까요?

〈충고나 비판이 듣기 싫더라도 달게 받아들이면 언젠가는 좋은 결과를 얻는다는 뜻〉

 나는 네가 뭐든지 일등 해야 한다는 생각을 안 했으면 좋겠어.

일등 하면 기분이 좋잖아. 근데 왜 그런 생각도 하지 말라는 거야?

 아이들이 너를 부담스러워해. 일등 하려고 물불 안 가리는 너를 누가 좋아하겠어?

_____고 하잖아,

왜 네가 그런 말을 하는지 알겠어.

3. 아래 단어 중에 세 가지를 골라 속담을 써 볼까요?

길 / 연기 / 고양이 / 양지 /
가뭄 / 외나무다리 / 윗물

_____

_____

_____

_____

_____

_____

_____

_____

정답

2. 입에 쓴 약이 병에는 좋다

3. 길 : 아는 길도 물어 가랬다. / 연기 : 아니 땐 굴뚝에 연기 날까. / 고양이 : 얌전한 고양이가 부뚜막에 먼저 올라간다. / 양지 : 양지가 음지 되고 음지가 양지 된다. / 가뭄 : 오뉴월 가뭄에 돌도 타 죽는다. / 외나무다리 : 원수는 외나무다리에서 만난다. / 윗물 : 윗물이 맑아야 아랫물이 맑다.

생각디딤돌 창작교실 엮음

생각디딤돌 창작교실은 소설가, 동화작가, 시인, 수필가, 역사학자, 교수, 교사 들이 참여하는 창작 공간입니다.
주로 국내 창작 위주의 책을 기획하며 우리나라 어린이들이 낯선 외국의 정서를 익히기에 앞서
우리 고유의 정서를 먼저 배우고 익히기를 소원하는 작가들의 모임입니다.
『마법의 맞춤법 띄어쓰기(전4권)』『마법의 사자소학 따라 쓰기(전2권)』 등을 펴냈습니다.

마법의 속담 따라 쓰기 ③

초판 1쇄 발행 / 2022년 6월 15일
초판 1쇄 인쇄 / 2022년 6월 20일

엮은이 ── 생각디딤돌 창작교실
펴낸이 ── 이영애
펴낸곳 ── 도서출판 생각디딤돌
　　　　　출판등록 2009년 3월 23일 제135-95-11702
　　　　　전화번호 070-7690-2292　팩스 02-6280-2292

ISBN　978-89-93930-70-2(64710)
　　　　978-89-93930-67-2(세트)